novum pro

Marika Albrecht

OHNE SCHLUSSSTRICH KEIN GUTER NEUANFANG

novum pro

Bibliografische Information
der Deutschen Nationalbibliothek:

Die Deutsche Nationalbibliothek
verzeichnet diese Publikation in
der Deutschen Nationalbibliografie.
Detaillierte bibliografische Daten
sind im Internet über
http://www.d-nb.de abrufbar.

Gedruckt in der Europäischen Union
auf umweltfreundlichem, chlor- und
säurefrei gebleichtem Papier.

ISBN 978-3-99146-498-3
Lektorat: Juliane Johannsen
Umschlagfoto:
Antonio Guillem | Dreamstime.com
Umschlaggestaltung, Layout & Satz:
novum Verlag

www.novumverlag.com

Druckprodukt mit finanziellem
Klimabeitrag
ClimatePartner.com/16547-2311-1001

INHALTSVERZEICHNIS

VORWORT

Dieses Buch soll dem Leser helfen, wenn er im Begriff ist sich zu trennen, oder schon getrennt ist, über den Verlust hinwegzukommen und auch aufzeigen, dass man sich auf solche Situationen gut vorbereiten kann und es immer einen Ausweg gibt, egal wie misslich es für Sie gerade im Leben ausschaut.

Sie sind nicht alleine, da draußen gibt es viele Menschen mit dem gleichen Schicksal, daher fand ich es wichtig, dass ich die von mir gemachten Erfahrungen weitergebe und Ihnen damit vielleicht eine Stütze sein kann.

Jeder ist frei, dieses Buch so zu lesen, wie er es für richtig empfindet. Es muss nicht von Anfang bis zum Ende durchgelesen werden, Sie können auch nur die Kapitel durchlesen, welche Sie gerade ansprechen. Es ist mir nur wichtig, dass Sie sich dabei wohlfühlen und es Ihnen weiterhelfen kann in diesen gewissen Lebenslagen.

Sie können die Fragen, welche Sie sich stellen, direkt ins Buch beantworten, oder auch auf ein Zusatzpapier, es ist mir wichtig, dass sie Ihre Antworten aufschreiben, denn dann setzen Sie sich intensiver mit den Fragen und Ihren Antworten auseinander, was Ihnen sehr helfen kann bei der Selbstanalyse oder bei gewissen Entscheidungen.

Seien Sie ehrlich mit sich selbst und versuchen Sie nicht, gewisse unangenehme Themen zu verschönern, das bringt Ihnen nichts, seien Sie selbstkritisch, denn es urteilt niemand über Sie, nur Sie selbst.

DAS LEBEN IST KEIN PONYHOF

Ja, dieser Satz ist etwas doof, aber irgendwie auch so unglaublich wahr.

Als ich mich damals mit blutjungen 20 Jahren Hals uber Kopf in meine große Liebe verliebte, da hätte ich doch nie im Entferntesten daran gedacht, dass ich je ein solches Buch schreiben werde, oder dass ich all diese schrecklichen Erfahrungen machen musste, welche mich dazu gebracht haben. Ich träumte von einer happy Family, welche total glücklich in einem kleinen Haus wohnt, mit einem Hund, und ich fahre einen großen SUV, mein Mann ist beruflich erfolgreich und ich liebe es, mit den Kindern zu Hause zu sein und jeden Abend mit einem gut gekochten Essen auf meinen Liebsten zu warten und mit ihm über unseren Tag zu reden. Dies war mein Bild im Kopf, als ich damals „ja" zu dem Antrag gesagt habe, welchen mir meine große Liebe gemacht hat. Jetzt denken Sie vielleicht, logisch konnte das nicht klappen, die war viel zu jung usw. Doch ich war der felsenfesten Überzeugung, dass mein Mann zuvor nur untreu war, weil er noch nicht die richtige Frau gefunden hatte, nämlich mich.

Total naiv, auch etwas wie Alice im Wunderland eingestellt, sollte ich nicht recht haben, wie ich es dann bitterlich nach 3 Jahren Ehe erfahren durfte.

In meinen Augen zerbrach alles, meine ganze Welt, in Schutt und Asche.

Wenn mir das jemand alles gesagt hätte, als ich mit 20 Jahren diesen Mann kennenlernte, dann hätte ich ihm nie geglaubt, dass unsere Liebe einmal so ein Ende nimmt, geschweige denn, dass ich einmal froh sein werde, mich von diesem Mann getrennt zu haben.

Meine weise Mutter wusste alles schon im Voraus, sie sagte mir von Anfang an: Dieser Mann wird dich unglücklich machen. Nun ja, am Ende hatte sie recht, aber bevor er mich so unglücklich machte, durfte ich aus ganzem Herzen glücklich sein, was, im Nachhinein gesehen, eine tolle Zeit war.

Das Leben ist kein Ponyhof und kommt immer anders, als man denkt, und ist nicht planbar. Den Spruch hat mein Vater sehr oft zu mir gesagt, nun weiß ich, wie er das gemeint hat.

Vielleicht hat man immer eine leise Vorahnung, wenn etwas im Leben im Begriff ist sich zu ändern.

Viele getrennte Paare haben mir des Öfteren gesagt, dass es eigentlich klar war, dass es zur Trennung kommen musste. Irgendwie wusste ich von Anfang an, dass es nicht gehen kann mit uns.

Auch das nähere Umfeld wusste immer von Anfang an, dass es nicht für immer sein werde, obwohl sie mir nie ihr Wissen mitgeteilt haben.

Als ich meine Freundin über das Beziehungsende informieren wollte, war ihre Reaktion: „Das war ja klar, dass es über kurz oder lang so kommen musste!“

Ich habe mich dann gefragt, ist sie echt eine gute Freundin, da sie mir nie etwas von ihren Befürchtungen gesagt hat?

Aber ich bin zu dem Entschluss gekommen, dass sie es ist. Sie wollte damals meinem Glück mit ihrer Vorahnung nicht im Wege stehen.

Wenn ich ehrlich bin, hätte ich in dieser Zeit sowieso nie auf sie gehört. Daher hat das nähere Umfeld recht, mit solchen Voraussagen hinter dem Berg zu halten, sonst gibt es womöglich noch Streit.

DER ERSTE GEDANKE IST IMMER DER BESTE

Bei mir kam dieser bekannte erste Gedanke an eine Trennung 2 Jahre, bevor ich dann den Schritt wirklich gewagt habe.

Ja, es war nicht einfach, da ich meinen Mann aus tiefstem Herzen geliebt habe, aber da ging er mir zum ersten Mal fremd, die Dunkelziffer war sicher größer, aber was ich nicht weiß, macht mich nicht heiß.

Nun war dieser Fall von Fremdgehen auch in meiner Ehe eingetreten. Ich kannte dies nur von Erzählungen meiner Bekannten und aus den zahlreichen Filmen, wo dieses Thema oft den Film zum Blockbuster machte. Ich dachte immer, dass ich eine gesunde Partnerschaft führe, es gab immer noch leidenschaftlichen Sex und wir waren ein eingespieltes Team.

Er machte mir nach wie vor Komplimente für mein Aussehen, obwohl ich zugeben muss, dass ich nach der Schwangerschaft ein paar Kilos zugelegt hatte. Nicht, dass ich fett war, aber mollig beschreibt es sehr gut. Nun, meinen Busen fand er sehr schön und sagte immer, dass er so froh sei, eine Frau zu haben, welche wirklich eine Frau ist, mit Kurven, die kochen kann, eine gute Mutter ist und ihm ebenbürtig ist. Ja, er sagte sogar, dass er die Männer nicht verstehen könne, welche für einen jungen Hungerhaken ihre Frauen und Familien verlassen würden, das würde er nie tun.

Tja, ein Mann, ein Wort. Sein erster Fehltritt war 7 Jahre jünger als ich und einer Gisele Bündchen vom Aussehen ebenbürtig, sie war wunderschön. Dieser typische Männertraum halt. Vielleicht versuchte ich deshalb, ihm zu verzeihen, denn wenn ich ehrlich bin: Wenn Brad Pitt an meine Tür geklopft hätte, wäre ich wohl auch schwach geworden.

Nun ja, egal wie schön der Fehltritt auch immer ist, es ist eine riesige Belastung für jede Partnerschaft. Jetzt war da diese Schönheit in unsere Ehe gekommen, nun die Frage: Streiche ich die Segel oder kämpfe ich um meine Liebe, um den Vater meines Kindes?

Ja, ich kämpfte wie eine Löwin und habe gewonnen. Dies hat mich auch sehr glücklich gemacht, aber eigentlich habe ich nur gekämpft, weil ich zu feige war, alleine zu sein. Denn ich war noch nie in meinem Leben zuvor alleine für meine Tochter und mich verantwortlich und habe es mir auch zu diesem Zeitpunkt noch nicht zugetraut.

Als ich hinter diese Affäre gekommen bin, gab es einen riesigen Streit mit sehr unschönen Worten, Geschrei und Türenknallen und dann habe ich meine Tochter genommen und bin gegangen, natürlich mit der Drohung, nie wieder zurückzukommen. Zwei Tage bei meinen Eltern in meinem Kinderzimmer haben mich dann auf den Boden der Tatsachen zurückgebracht, dass ich kein Geld habe und gar keine Ahnung, wie ich für meine Tochter und mich sorgen soll. Wie sollte ich eine eigene Wohnung bezahlen, wie sollte ich überhaupt einen Mietvertrag bekommen, ohne ein Einkommen. Was soll ich denn dem zukünftigen Vermieter sagen? Ich bin eine tolle Ehefrau und Mutter, und dass er mir vertrauen kann, dass ich dies alles hinbekomme, obwohl ich selbst nicht an mich glaube? Als mir diese bittere Erkenntnis kam, merkte ich, dass ich das Feld nicht einfach räumen kann, sonst ginge ich mit meinem Kind unter.

Auch meine Mutter nahm mich zur Seite und meinte, dass es das in jeder Ehe geben kann und ich mich nicht so anstellen soll, eine richtige Frau gibt nicht alles einfach so auf. Dann nach vielem Weinen und großer Ratlosigkeit, war ich zu dem Entschluss gekommen, um meine Ehe, mein Zuhause zu kämpfen, weil ich zu feige war, alleine weiterzugehen und ich meinen Mann noch zu sehr liebte, um aufzugeben. Und das Wohl des Kindes ging mir auch immer und immer wieder durch den Kopf, denn irgendwie fand ich mich egoistisch, nur weil er mich so verletzt hatte, meiner Tochter die Familie wegzunehmen.

Es war nicht einfach, alles auf null zu setzen und neu anzufangen. Bei uns hat es etwa eineinhalb Jahre gedauert, dann kam ein neues Klischee in unsere Ehe. Sie war 10 Jahre jünger als ich und konnte nicht einmal eine Kaffeemaschine bedienen. Sie war nicht sehr hübsch, aber verehrte meinen Mann, sie hob ihn auf einen Sockel hinauf, diesen Sockel habe ich bei dem ersten Männertraum in tausend Stücke zertrümmert. Er war für mich nicht mehr dieser Überflieger, der er zuvor war, ich habe fast alle seine Handlungen hinterfragt und ihm gegenüber auch keinen Hehl daraus gemacht, dass ich nicht mehr an ihn glaubte. Daher hatte sicher auch erneut dieses 10 Jahre jüngere Klischee eine Chance.

Jetzt stellte sich wieder dieselbe Frage: Soll ich wieder um unsere Familie kämpfen, oder soll ich all diese Energie nicht besser in meinen Neuanfang investieren? Die Antwort war schnell gefunden, und ich packte meinem Mann, dem Vater meiner Tochter, die Koffer und sagte ihm, dass er nach dem Abendessen gehen soll und unserer Tochter erklären soll, wieso er nicht mehr wiederkommt. Na ja, gegangen ist er nach dem Essen, aber er hat ihr keinen Ton sagen können. Ich war mir dieses Entschlusses so sicher wie noch nie zuvor. Logisch hatte ich immer noch die Hosen voll, wie ich das alles alleine hinbekommen sollte, aber trotzdem überwog meine Wut, welche verantwortlich war, dass ich diesen Mann nicht mehr an meiner Seite haben wollte.

Er ging und dies für immer. Es war die schlimmste Entscheidung, die ich bis dahin treffen musste, aber sie war richtig.

Heute, wenn ich zurückdenke, wäre es vielleicht besser gewesen, schon beim ersten Mal aufzugeben und schon da alle Energie in meinen Neuanfang zu stecken, daher ist der erste Gedanke immer der, auf den es hinausläuft und der Beste. Meistens kommt alles so, wie man es fühlt oder vorausahnt. Eigentlich wusste ich von Anfang an, dass es mit meinem Mann und mir nicht bis zum Lebensende hält, denn sonst hätte ich nicht meinen Plan B immer schon im Kopf gehabt. Diese Erkenntnis habe ich natürlich erst jetzt, wo es schon 7 Jahre her ist. Das hört sich vielleicht etwas hart und garstig an, aber es bringt alles auf den Punkt. Ich habe auch meine Fehler dazu beigetragen, dass diese Beziehung zerbrochen ist, was ich auch oft im Nachhinein bereut habe. Denn man fragt sich natürlich immer: Wenn ich etwas anders gemacht hätte, wären wir noch glücklich zusammen?

Diese Fragen bringen Ihnen nichts, sie belasten einen nur negativ und ziehen einen in ein tiefes dunkles Loch. In diesem Loch will niemand sein und es ist sehr schwer, da wieder herauszufinden. Das weiß ich leider aus eigener Erfahrung.

Also, wenn Sie einen Abgrund sehen, laufen sie außen herum und lassen Sie sich nicht hineinziehen.

Ein gemeinsamer Neuanfang kann wirklich auch eine Option sein, aber dann müssen Sie mit Ihrem Partner am gleichen Ende des Seils ziehen, sonst gelingt das nicht. Es ist sehr viel Arbeit, seien Sie sich darüber bewusst.

Leider klappt es in den meisten Fällen nicht und läuft einfach etwas später auf eine Trennung hinaus. Es gibt Menschen, welche dieses Gefühl brauchen: „Ich habe alles versucht, aber es hat nichts gebracht!"

Das kann ich sehr gut nachvollziehen, denn ich bin auch so jemand, der nicht gleich alles wegwirft, wenn es kaputt ist, ich versuche, es zu reparieren. Ich brauche diese Vorstellung von einem Happy End.

Nun ja, aber leider war die Ehe von mir nicht mit diesem Ende gekrönt worden, sondern mit einem Ende mit vielen Verletzungen und schlechten Energien. Ja, auch dieses: „bis der Tod uns scheide", ging bei mir nicht in Erfüllung, obwohl ich oft ... Egal, diese Gedanken gehören nicht in dieses Buch.

Es ist nur so, dass der erste Gedanke, den man hat, wegweisend ist und daher oft wieder im Kopf so schnell verschwindet, so schnell wie er gekommen ist. Meistens hat der Mensch eine gute Intuition und eine Gabe, die Dinge auf Anhieb richtig zu sehen, aber man will es oft nicht wahrhaben, da es einem oft Angst macht. Man sollte viel mehr wieder auf seine innere Stimme hören, auch wenn sie einem etwas im ersten Moment Schlechtes rät, aber man sollte sich die nötige Zeit nehmen, um genau zu wissen, was zu tun ist.

WILL ICH WIRKLICH DAS ENDE?

Der Partner ist weg, nun ist es an der Zeit sich klar zu werden, ob die Zukunft ohne sie oder ihn sein soll oder nicht.

Dies ist die große Frage, die Sie sich stellen müssen. Beantworten Sie folgende Fragen schriftlich in Ihr Buch. Nehmen Sie sich genügend Zeit.

Überlegen Sie genau und seien Sie bitte ehrlich zu sich selbst.

Gibt es keinen Ausweg mehr?

....

....

....

....

....

Können Sie ihr oder ihm noch vertrauen?

....

....

....

....

....

Kann sie oder er Ihnen noch vertrauen?

....

....

....

....

....

Wie sieht Ihre Zukunft alleine aus?

....

....

....

....

....

Wäre Ihr Leben besser mit einem anderen/neuen Partner?

....

....

....

....

....

Waren Sie ehrlich mit sich selbst? Kontrollieren Sie nun alle Ihre Antworten, lesen Sie diese noch einmal ganz langsam und laut durch. Gehen Sie in sich und analysieren Sie die von Ihnen gegebenen Antworten Wort für Wort. Haben Sie bei den Antworten Ihren Partnerinnen in Schutz genommen, oder haben Sie sein ihr Verhalten entschuldigt?

Dann ist es vielleicht noch zu früh für eine endgültige Entscheidung, weil Sie noch zu sehr an ihr oder ihm hängen.

Eine Trennung macht wirklich nur Sinn, wenn Sie voll und ganz dahinterstehen und mit den Konsequenzen leben können. Wer dies noch nicht definitiv mit „Ja" beantworten kann, ist noch nicht so weit. Auch wenn vielleicht das Umfeld zu einer Trennung drängt, sind Sie es, die der das alleine entscheiden muss, denn es ist Ihr Leben.

Dieser Satz: „Es ist mein Leben", ist sehr wichtig und man sollte ihn sich immer wieder sagen.

Ihr näheres Umfeld kann es vielleicht schon lange wissen, dass eine Trennung das Beste für sie ist, vielleicht wussten Sie auch schon immer, dass Sie mit ihrem Partnerinnen nie zusammengepasst haben, aber Sie müssen entscheiden, ob sie dafür bereit sind.

Manchmal weiß der Kopf schon längst, was das die richtige Entscheidung ist, aber die Bauchstimme und das Herz sagen etwas anderes, dann wird man unsicher. Das ist total normal.

Denn nicht jede Beziehung endet wie im Film; man kommt zu früh nach Hause und erwischt den Partner im Bett mit jemand anderem. Dann weiß jeder, was zu tun ist.

Die Beziehung wird beendet, sobald eine Tür zugeknallt wird, und man ist sich zu 100 % sicher, dass man diese Person nie wieder sehen will.

Leider ist es im realen Leben oft nicht so einfach, gleich zu wissen, was man will, und ob es das Richtige für einen ist. Vielleicht haben Sie noch andere Menschen, die automatisch durch das Ende in Mitleidenschaft gezogen werden, daher ist es wichtig, diesen Schritt immer genau und reiflich zu überlegen, denn es geht um Gefühle und um die Zukunft und damit spielt man nicht.

Überall wo Liebe im Spiel ist, wird ein Ende Schmerz, Leid, Enttäuschung zufügen und auch verletzen, darum muss man genau wissen, was man macht. Es ist natürlich auch nicht der richtige Weg, weil man niemanden verletzen will, noch zu warten, denn es gibt für eine Trennung keinen richtigen Zeitpunkt.

Also nicht im Moment. Es kann sein, dass Sie mit etwas Abstand sehen und verstehen können, dass es genau richtig war, sich zu trennen.

Es ist aber auch kein Problem, wenn Sie noch nicht so weit sind.

Dann legen Sie das Buch zur Seite und genießen ihre Zukunft mit ihrer Partnerschaft. Ich denke, wenn Sie die oben genannten Fragen ganz ehrlich beantwortet haben, wissen Sie, was sie machen müssen und was für Sie und Ihr Leben das Richtige ist.

Egal wie sie sich entscheiden, seien Sie mit dem Herzen dabei.

Das Herz ist ein sehr guter Ratgeber, denn niemand kennt Sie so gut wie Sie sich selbst. Es muss auch niemand Ihr Leben leben - außer Ihnen. Diesen Satz werden Sie noch öfter lesen, damit Sie ihn auch verinnerlichen.

IMMER ZUERST DENKEN, DANN HANDELN

Wenn Sie nun den Entschluss gefasst haben, dass es keinen anderen Ausweg mehr gibt als eine Trennung, dann sollten Sie zuerst die Zukunft durchgehen, ob es möglich ist, für sich alleine zurechtzukommen.

Dieses Kapitel richtet sich an Frauen und Männer, welche Kinder haben oder in der Partnerschaft nicht gearbeitet haben.

Sind Sie in der Lage, finanziell und auch mental alleine für sich und Ihre Kinder zu sorgen? Dies ist eine sehr wichtige Überlegung, die Sie machen müssen, denn immer zuerst denken, dann handeln.

Entscheidungen, welche aus einem Affekt heraus resultieren sind meist im Nachhinein nicht die Besten.

Bei mir war es leider so, ich habe im Zorn gehandelt und daher auf viel zu viel verzichtet und auch mein Stolz war mir im Weg, um systematisch mit einer Strategie vorzugehen. Leider habe ich dies alles viel zu spät bemerkt und konnte dann nicht mehr zurückrudern.

Es ist wichtig, dass Sie nicht gleich Ihre Entscheidung in die Welt hinausposaunen, sondern zuerst alle Weichen in die richtige Richtung stellen. Ich will damit sagen: Ein Auszug kostet Geld, eine Wohnung ohne Job zu bekommen ist fast unmöglich, alleine für die Kinder zu sorgen braucht Zeit, Geld und Kraft.

Daher sind folgende Fragen, welche Sie sich stellen sollten, sehr wichtig, um richtig vorbereitet zu sein. Logisch kann man sich nicht auf alles vorbereiten, aber es hilft, wenn man einen Plan hat und noch besser ist es, wenn man auch einen Plan B hat. Denn eines hat mich das Leben immer wieder gelehrt: Meist kommt es anders, als man denkt, daher ist es immer gut, noch eine zweite Lösung im Hinterkopf zu haben, damit man nicht so schnell aus der Bahn geworfen wird, wenn der erste Plan nicht funktioniert. Vorbereitung ist alles, deshalb beantworten Sie für sich, bitte die unten gestellten Fragen ganz ehrlich, das kann Ihnen in Ihrer Phase des Lebens sehr hilfreich sein.

Habe ich genug Geld auf der Seite, um einen Umzug zu finanzieren?

....

....

....

....

....

Bin ich emotional in der Lage, alleine für mich und meine Kinder zu sorgen?

....

....

....

....

....

Habe ich genug Kraft, um auch die Ängste und Fragen meiner Kinder zu stemmen und zu beantworten?

....

....

....

....

....

Könnte ich alleine mein neues Zuhause bezahlen?

....

....

....

....

....

Habe ich genügend Sicherheiten?

....

....

....

....

....

Was sind meine Pläne für die Zukunft?

....

....

....

....

....

Wohin gehe ich, wo werde ich leben?

....

....

....

....

....

Wenn Sie sich diesen Fragen gestellt haben, und zu dem Entschluss gekommen sind, dass sie mit Ihren Antworten keine gute Ausgangslage haben, empfehle ich Ihnen, dass Sie sich absichern: Fangen Sie an, auf die Trennung hinzuarbeiten, um Ihre Position zu stärken.

Wenn Sie zum Beispiel finanziell zu schwach aufgestellt sind, fangen Sie an zu sparen und dieses Geld an einem nur für Sie erreichbaren Ort zu bunkern. Wenn Sie zu wenig Kraft haben, um alleine für Ihre Kinder zu sorgen, dann gönnen Sie sich eine Auszeit, schaffen Sie sich Zeit nur für sich, tun Sie sich etwas Gutes, gehen Sie in den Urlaub, zu einer Massage oder einfach an einem Ihnen wohltuenden Ort spazieren. Tanken Sie Kraft, denn davon werden Sie in naher Zukunft sehr viel benötigen.

Erst wenn Sie diese oben genannten Fragen mit genügend Stärke und genügend Willen mit „Ja“ beantworten können, ziehen Sie einen Schlussstrich mit Ihrem Partner. Immer zuerst denken, dann handeln, weil es für Ihren Partner nicht wichtig ist, wann Sie es beenden, aber für Sie schon!

Ich hatte leider nicht so einen Leitfaden, an dem ich mich festhalten konnte, daher habe ich meinen Mann aus unserem Haus geworfen, als ich von seiner zweiten Affäre erfahren hatte. Ich stand da mit einem Kind, ohne Geld und ohne Job, welcher mir hätte helfen können, mein Leben alleine zu bestreiten. Ach, ein emotionales Wrack war ich auch noch. Dies war gänzlich keine gute Ausgangslage, um einen Neuanfang zu wagen.

Daher ist es wichtig, seinen Stolz hintanzustellen. Ich spreche aus eigener Erfahrung, denn hätte ich mich zuerst zurückgehalten und mir genau diese Fragen gestellt, wären mir viel Kummer und Selbstzweifel erspart geblieben. Wenn ich mich besser auf diesen sehr einschneiden Schritt vorbereitet hätte und mit der Trennung etwas gewartet hätte, wäre ich sicher auch eine bessere und stärkere Mutter für meine Tochter gewesen und natürlich nicht so abhängig von den Launen meines heutigen Exmannes, betreffs des Geldes. Natürlich ist es nicht einfach, seine Gefühle und Trauer hintanzustellen, aber jeder Tag, der Sie näher an Ihr Ziel bringt, stärkt sie auf eine unglaubliche Weise. Auch Ihr Selbstwertgefühl wird von Tag zu Tag besser und dann haben Sie auch genügend Kraft, um alle Trennungsverhandlungen mit Ihrem Partner zu Ihren Gunsten zu klären.

Denn der finanzielle Aspekt ist nicht zu unterschätzen, damit man eine gute Verhandlungsbasis hat und gut dasteht und beruhigt in die Zukunft schauen kann.

Geld macht nicht glücklich, aber wenn man es hat, beruhigt es ungemein.

Daher warten Sie ab, bis Sie wirklich in der Lage sind alle Fragen in diesem Kapitel mit „Ja“ zu beantworten, bevor Sie die Beziehung beenden, egal wie schmerzhaft es im Moment ist. Der Mensch hat die erschreckende Gabe, sich sehr schnell an gegebene Situationen zu gewöhnen, sogar auch Trauer und Schmerz, und funktioniert tadellos weiter, als wäre nichts gewesen. So absurd es sich anhört, aber genau diese Fähigkeit kann nun von großem Vorteil für Ihre Zukunft und Ihr Glück sein. Arbeiten Sie Stück für Stück auf Ihr Ziel hin und dann beenden Sie die Beziehung mit einem großen Elan, weil Sie gestärkt und vorbereitet in Ihre neue Zukunft starten können. Natürlich wird diese Zeit dennoch nicht leicht, aber so können Sie die nötige Energie für anderes aufbringen und haben trotzdem noch genug Kraft, sich um die Belange Ihres Lebens zu kümmern.

ANGST, DEN LETZTEN SCHRITT ZU WAGEN

Angst ist ein Begriff, dem man keine zu große Bedeutung geben sollte, denn Angst vergeht, vor allem, wenn man sich seinen Ängsten stellt.

Vielleicht haben Sie jetzt das Gefühl, dass Sie es alleine nicht schaffen, aber in jedem Menschen steckt genau gleich viel Potential, man muss es nur in sich finden und lernen, es zu aktivieren. Glauben Sie mir, das Alleinsein hat auch Vorteile, die Sie jetzt noch nicht sehen können; aber die sind da.

Angela, 42, zwei Kinder, hatte so unendliche Angst vor dem Schritt, ihre Ehe zu beenden, dass sie lieber weiter hinnahm, sich von ihrem Mann betrügen zu lassen, weil sie so eine riesige Angst hatte, alleine zu sein. Sie hatte richtige Existenzängste, alleine für sich und ihre Kinder da zu sein, sie dachte immer, sie hat zu wenig Kraft, sich gegen ihre Ehe und somit gegen ihren Mann zu stellen.

Er hat sie täglich betrogen in ihrem gemeinsamen Haus, mit dem von Angela eingestellten Kindermädchen. Gegen Ende war ihr Mann so unverfroren und hat nicht einmal versucht, es vor ihr zu verstecken. Wieso auch, Angela hat nie etwas dagegen gesagt.

Es ging so weit, dass Angela mit ihren Kindern im Strandbad lag, als das Kindermädchen Sex mit ihrem Mann zu Hause hatte, und sie wusste davon. In der Endphase schlief er bei der Nanny und kam morgens mit seinem Kissen aus ihrem Zimmer in das gemeinsame eheliche Zimmer, um sich dann für den Tag fertig zu machen. Angela hat gelitten, wurde immer mehr ein Schatten ihrer selbst. Sah krank und ausgezehrt aus, machte aber immer gute Mine zum bösen Spiel ihres Göttergattens. Die Angst war bei ihr so groß vor dem Alleinsein und von der finanziellen Eigenständigkeit, dass sie lieber dies alles in Kauf nahm und schwieg. Einfach dieses, ich höre und sehe nichts Verhalten, und am besten spreche ich auch nicht darüber, wie die drei Affen aus Japan, weil wenn es nicht thematisiert wird, existiert es nicht und hört vielleicht von alleine wieder auf.

Die Bedeutung der drei Affen in Japan wird so übersetzt:

„Was nicht dem Gesetz der Schönheit (gleichbedeutend mit angemessenem Verhalten) entspricht, darauf schaue nicht;
was nicht dem Gesetz der Schönheit entspricht, darauf höre nicht;
was nicht dem Gesetz der Schönheit entspricht, davon rede nicht;
was nicht dem Gesetz der Schönheit entspricht, das tue nicht."

Kungfutse: Lun Yu

Während die drei Affen in Japan eigentlich die Bedeutung haben „über das Schlechte weise hinwegzusehen", so wird ihnen in Europa eher die Bedeutung als „ alles Schlechte nicht wahrhaben wollen" nachgesagt.

Aufgrund dieses negativen Bedeutungswandels gelten die drei Affen daher häufig als Beispiel für bedingungslose Loyalität.

Egal, welche Interpretation man nimmt, japanisch oder europäisch, es trifft irgendwie beides auf das Verhalten von Angela zu.

Jetzt denken Sie sicher, wieso lässt sich das eine erwachsene Frau gefallen, warum lässt sie sich so erniedrigen? Genau diese Frage habe ich ihr auch gestellt und sie sagte nur ganz leise: „Ich hatte Angst, alleine zu sein, und dachte, ich bin selbst schuld an dieser Situation."

Nun ja, wer schon einmal richtig geliebt hat, kennt sicher diese Verlustangst, diese bedingungslose Loyalität, diese Angst, alles zu verlieren, sei es materiell oder emotional. Dieses nicht loslassen Können von den eigenen Rastern. Man gibt sich lieber selbst auf als seine Beziehung.

Angela hat es dann doch noch geschafft. Leider kam aber die Entscheidung, dieses Elend, was sie Ehe nannte, zu beenden, erstaunlicherweise nicht von ihr, sondern von ihrem Mann. Der wollte eines Morgens, als er aus dem Gästezimmer kam, wo das Kindermädchen wohnte, um sich im Elternbad zu duschen, die Scheidung. Er erklärte Angela im Bad, als sie sich gerade die Zähne putzte, dass er sich in das Kindermädchen verliebt habe und mit ihr eine Familie gründen wolle. Man muss sich diese doch fast absurde Situation durch den Kopf gehen lassen. Er hat sich in dieses Kind verliebt und möchte mit ihr Kinder haben, ein Beschluss von einem 47-jährigen Mann, der beruflich sehr erfolgreich war und mitten im Leben zu stehen schien.

Für Angela brach in diesem Moment eine Welt zusammen. Sie wusste nicht mehr, was sie machen sollte. Sie hatte sich für diesen Mann aufgegeben und nun das?

Was hat sie nur alles falsch gemacht. Sie hatte doch alles versucht, diese Familie nach außen hin aufrechtzuerhalten. Sie hatte ihm alle Freiheiten gelassen, dass er diese Midlife-Crisis nach ein paar Monaten überwinden kann. Wie sich dann herausstellte, war es keine Krise, in der er sich befand, sondern er hatte sich über beide Ohren in diese überaus junge Frau verliebt.

Angela versuchte, all ihre Wut und auch Trauer zu verarbeiten, aber leider hatte sie dann durch ihr Selbstmitleid eine große Depression. Sie magerte fast bis zum Skelett ab und war nur noch ein Häufchen Elend. Jede Bewegung tat ihr weh. Sie fiel in ein tiefes Loch.

Nun hatte ihr doch ihr Mann einen riesigen Gefallen gemacht, aber das konnte sie nicht so sehen. Angela war der Überzeugung, dass er ihr alles genommen hatte. Sie brauchte sicher 4 Jahre, diesen Verlust zu verarbeiten, und wenn ich ehrlich bin, finde ich, dass sie diese Trennung bis heute nicht überwunden hat.

Sie konnte sich seitdem nicht mehr auf einen neuen Mann einlassen, obwohl es ihr größter Wunsch ist, sich neu zu verlieben und sich endlich wieder begehrt zu fühlen.

Mit diesem Beispiel wollte ich nur deutlich machen, dass man keine Angst vor dem letzten Schritt haben muss. Ich hätte mehr

Angst davor, ihn nicht zu tun und dann so leben zu müssen. Man kann auch in dieser Geschichte wunderbar erkennen, wie leidensfähig der Mensch sein kann. Welchen großen Schmerz man ertragen kann. Es geht immer weiter, die Frage ist nur, wie, und dies können wir nur für uns selbst beeinflussen!

Wir leben unser Leben, niemand sonst lebt für uns unser Leben und wir sind selbst für uns und unser Glück verantwortlich.

EINE TRENNUNG MIT KINDERN

Zuerst bitte ich Sie inständig, instrumentalisieren Sie die Kinder nicht gegen ihren Ex-Partner. Am meisten wird es Ihnen selbst und dem Verhältnis zu Ihren Kindern schaden. Denken Sie immer ans Wohl des Kindes, egal wie weh es Ihnen tut, aber die Kinder stehen immer im Vordergrund und an erster Stelle.

Wenn Sie Angst haben sich zu trennen, weil Ihr Kind einen Schaden daraus tragen kann, dann kann ich Ihnen die Angst nehmen. Die Kinder, welche einen Schaden aus einer Trennung getragen haben, haben diesen nicht wegen der Trennung, sondern weil sie traumatisiert sind von den Handlungen ihrer Eltern nach der Trennung. Es wurde schlecht über den anderen Elternteil geredet, das Kind wird instrumentalisiert von den Eltern und als Waffe benutzt, um Eitelkeiten der Eltern auszubaden. Reden Sie NIE schlecht vor oder mit Ihren Kindern über Ihren Ex-Partner.

Das ist nicht gut für Ihr Kind. Das kann in einem kleinen Kinderherz so viel Schaden anrichten, dass es bis zum Erwachsenenalter damit zu kämpfen hat, dies zu verarbeiten. Es wird auch Ihnen nicht guttun und auch Ihr Herz für lange Zeit vergiften, und das ist alles andere als gesund.

Wenn Sie sich getrennt haben oder im Begriff sind, es zu tun, dann bedenken Sie immer, dass Sie, zumindest bis ihr Kind erwachsen ist, mit dem anderen Elternteil auskommen müssen und er ein Teil Ihres Lebens sein wird. Also handeln sie danach. Es ist in der Tat einfacher, sich zu trennen, wenn man keinen Kontakt mehr haben muss, aber wenn Kinder im Spiel sind, haben Sie als Eltern die Pflicht, immer gemeinsam für diese Kinder da zu sein. Daher ist es nicht richtig, wenn der Umgang mit dem Kind verweigert wird.

Wenn Sie Streit mit ihrem Ex-Partner haben, ist das eine Sache zwischen Ihnen beiden und hat gar nichts mit dem Kind zu tun, daher regeln Sie diese Streitigkeiten ohne Anwesenheit Ihres Kindes.

Es ist auch ein Tabu, schlecht über den anderen Elternteil vor dem Kind zu reden. Sie haben Ihren Ex-Partner einmal geliebt und mit ihm dieses Kind, das Glück ihres Lebens, bekommen und eine Familie gegründet. Vergessen Sie das nie. Eine Familie werden Sie immer bleiben, es kann nur sein, dass sie größer wird, zum Beispiel durch neue Partner oder sogar Kinder, wer weiß das schon.

Denn dieser Begriff „Familie" hat sich im Lauf der Jahre sehr geändert und auch eine Patchworkfamilie ist eine richtige Familie. Und wie der Name schon sagt, hat diese Familie mit viel Arbeit zu tun, wenn sie funktionieren soll. Es ist sicher keine einfache Sache, aber wenn sie gesund aufgestellt ist, kann sie eine ganz tolle Bereicherung sein. Es ist wichtig, dass es ein Miteinander ist und nicht ein Gegeneinander.

Ich kann aus eigener Erfahrung sprechen, da ich selbst ein Scheidungskind bin und auch eines habe, welches vier Halbgeschwister hat; das ist alles andere als einfach. Auch ich erwische mich heute noch nach sieben Jahren dabei, dass ich schlecht über die neue Frau meines Exmanns und ihre Kinder denke, was wirklich erbärmlich ist. Niemand ist perfekt und jeder macht Fehler. Versuchen Sie, aus ihren gemachten Fehlern zu lernen und an sich und ihrem Verhalten zu arbeiten. Denn auch wenn Sie es zum jetzigen Zeitpunkt noch nicht sehen können, haben meist beide Parteien Fehler gemacht, weshalb die Beziehung nicht funktioniert hat. Vielleicht können sie etwas zurückschauen, dann finden Sie vielleicht schon Anzeichen, warum Sie heute dort stehen, wo Sie jetzt stehen. Wenn Sie dies erkennen, kann es Ihnen beim Verarbeiten der Trennung sehr helfen.

Vergeben Sie sich und Ihrem Partner, es ist sehr wichtig, dass Sie ruhiger werden für Ihre Kinder. Genau in diesen Situationen im Leben ist es wichtig, dass Sie ein Vorbild für Ihre Kinder sind.

„Ihre Kinder sind glücklich, wenn Sie selbst auch glücklich sind."

Eine sehr wichtige Ansichtsweise, denn meistens denkt man genau umgekehrt, aber in solchen Situationen, die nicht sehr einfach zu bewältigen sind, ist es wichtig, dass es Ihnen gut geht, so haben Sie auch genug Kraft, die Sorgen und Ängste der Kinder abzufangen.

Sie brauchen jetzt sehr viel Kraft, seien Sie sich dessen bewusst.

Versuchen Sie, alles so gut von den Kindern fernzuhalten, wie es eben geht. Ich weiß, dass das nicht immer sehr einfach ist, aber es braucht auch manchmal etwas Selbstbeherrschung.

IHRE GESUNDHEIT

Passen Sie auf Ihre Gesundheit auf, Sie haben nur eine.

So eine Trennung und ihre Auswirkungen darf man nicht unterschätzen.

Teilen Sie sich ihre Kräfte gut ein, denn diese Situation ist sehr anstrengend für Körper, Geist und Seele.

Wenn Sie weinen müssen, weinen Sie, lassen Sie alles raus, denn weinen reinigt die Seele und den Kopf.

Wenn Sie etwas bedrückt, reden Sie mit jemanden darüber, mit einer Person, welche die Situation mit Abstand beurteilen kann, und Ihnen so vielleicht eine neue Sichtweise vermitteln kann.

Es ist wichtig, dass sie nichts in sich hineinfressen und nicht alles mit sich selbst ausmachen, holen Sie sich Verstärkung. Wenn man sich Rat holt, zeugt das nicht von Schwäche.

Bitte hören Sie auf ihre innere Stimme, denn die sagt Ihnen immer, wie es um Sie und Ihr Wohl bestimmt ist. Ignorieren Sie diese Stimme nicht, denn es sind schon viele Leute an solch schweren Situationen zerbrochen.

Streitereien gehen einem an die Substanz, das ist ganz normal.

Sie können auch einmal für einen oder zwei Tage kürzertreten, sodass Sie wieder mit neuer Energie bewaffnet sind.

Immer versuchen, einen kühlen Kopf zu wahren in hitzigen Gesprächen, lassen Sie sich auf keinen Fall aus Ihrer Reserve locken, behalten Sie immer ihren Fokus.

Seien Sie stark, und wenn das gerade nicht geht, gehen Sie in die Natur und atmen Sie bewusst ein und aus. Versuchen Sie, sich an den kleinen Dingen des Lebens zu erfreuen. Vielleicht scheint gerade die Sonne, oder sie haben etwas Gutes gegessen.

Nicht in dieses dunkle Loch fallen!

Denken Sie jetzt vermehrt an sich und seien Sie auch egoistisch, machen Sie alles, was Ihnen guttut. Ihre Gesundheit ist heilig und so sollten Sie auch damit umgehen.

Ich habe schon viele Menschen gesehen, die genau in dieser Zeit in ihrem Leben an sich selbst gescheitert sind, lassen Sie das nicht zu.

Nehmen Sie sich eine Auszeit, wenn in Ihrem Innern die Alarmglocken anfangen zu läuten. Manchmal reicht es schon, wenn Sie nur eine Stunde etwas tun, das ihnen guttut und Sie entspannt. Eine Stunde Zeit hat jeder Mensch, auch heutzutage, da bin ich mir ganz sicher.

Räumen Sie den Keller auf, das kann auch helfen. Damit ist nicht nur Ihr Keller wieder aufgeräumt, sondern auch Ihr Kopf ist wieder gelüftet und konnte sich neu ordnen.

ZELTE ABBRECHEN

Der Auszug ist nie einfach, für alle Beteiligten. Natürlich leiden am meisten die Kinder, daher sollte man dies so positiv wie möglich gestalten. Natürlich denken Sie: Wie soll man so etwas positiv angehen?

Da ist es sehr wichtig, dass Ihr neues Zuhause etwas hat, das Ihnen sehr gefällt, sei es, dass es an einem Ort ist, wo Sie immer hinwollten, oder Sie sich genau diesen Tisch kaufen, welchen Sie immer schon haben wollten.

Auch für die Kinder ist es wichtig, dass Sie das neue Zuhause so positiv wie möglich sehen, so können Sie von ihrer Stärke profitieren.

Ich bin im Haus geblieben, habe mir einen neuen Esstisch und ein neues Bett gekauft und meine Tochter konnte sich ihr Zimmer ganz neu einrichten. Es musste ein Bett mit Rutsche sein und sie durfte ihre langersehnte Katze endlich haben. Schon sind Kinder positiver gestimmt, meist braucht es nicht viel. Gut, das mit der Katze habe ich nicht wirklich gut überdacht, ein Hamster hätte sicher auch eine positive Wirkung gehabt, aber nicht so eine lange Lebensdauer.

Nun ja, ich konnte leider das Haus nicht lange alleine halten, da die Kosten für mich alleine unerschwinglich waren und wir mussten nach 2 Jahren dann ausziehen, da ich mich ja nicht auf die Trennung vorbereitet habe und somit keine Ahnung hatte, was für Kosten auf mich zukommen werden. Da ich davon ausgegangen bin, dass mein lieber Exmann mir trotz der Trennung und schlussendlicher Scheidung weiterhelfen wird und wir als Team agieren. Dies war ein Wunschdenken meinerseits oder sogar eine Illusion. Daher sei noch einmal erwähnt: Warten Sie wirklich mit dem letzten Schritt, bis Sie alle Fragen im Kapitel „Immer zuerst denken, dann handeln“ mit „Ja“ beantworten können.

Wenn es um die Frage geht, bleiben oder gehen, machen Sie eine ganz ordinäre Pro- und Kontra-Liste und überlegen Sie, was Ihnen in diesem Moment besser tut. Wo können Sie besser in die Zukunft sehen. Lassen Sie alle Personen außen vor, sogar Ihre Kinder. Es ist wichtig, dass Sie in diesem Moment für sich selbst entscheiden. Die Kinder sind überall glücklich, wenn Sie es selbst auch wieder sind oder werden, außer sie sind schon Teenager, dann können Sie es ihnen sowieso nicht recht machen, egal was Sie machen oder wo Sie wohnen.

Auch Ihre Freunde oder Ihr näheres Umfeld weiß die richtige Lösung für Sie nicht. Daher müssen Sie sich auf Ihr Bauchgefühl verlassen, was meiner Meinung nach der beste Ratgeber ist in allen Lebenslagen, denn wer kennt Sie besser als Sie sich selbst? Daher wissen wir immer, wenn wir genau hinhören, was das Beste für uns ist.

WIE VIEL WERT HABE ICH?

Als ich das erste Mal zu einem Anwalt bin, um mich nur einmal zu informieren, bin ich total erschrocken. Er meinte zu mir, dass ich nicht viel von meinem Mann zu erwarten hätte und dass ich mit diesem Geld sicher nicht für mich und meine Tochter sorgen könnte, geschweige denn, dass ich meinen Lebensstandard annähernd halten könne.

Ich bin total fertig aus diesem Termin herausgelaufen. Als ich die Treppe runter wollte, bin ich sie buchstäblich runtergeflogen und auf meinem Allerwertesten gelandet, umgangssprachlich landete ich auf meinem Arsch und war auch total am Arsch.

Als ich dann mehr schlecht als recht zu Hause angekommen war, überkam mich ein Anfall von Existenzangst. Ich hatte Angst davor, in der Gosse zu landen und obdachlos zu werden, dass ich meiner Tochter nichts bieten könnte, usw ...

Nach einer Flasche Prosecco und einem gefühlten Monat habe ich mich dann wieder gefangen und die Kriegerin in mir ist aufgewacht, da wurde mir klar, ich muss für meine Tochter und mich kämpfen. Die Zeit vom sich Gehenlassen, nächtelangen Rumheulen war nun vorbei. Auch habe ich beschlossen, nicht mehr in meinem Selbstmitleid zu versinken, sondern „auf die Matratzen zu gehen“ von dem Film der Pate. Mein Kind hatte nun lange genug eine furchtbare Mutter vor sich gehabt, denn wir Eltern sollten ja als Vorbild für unsere Kinder fungieren. Deshalb war ich nun so sehr entschlossen wie noch nie, dass etwas gehen muss, und zwar jetzt.

Ich habe mir dann die Fragen aller Fragen gestellt:

„Wie viel bin ich wert?“

Eine sehr wichtige Frage, die man sich hin und wieder in seinem Leben stellen sollte. Ja, diese Frage ist alles andere als einfach zu beantworten.

Nun, was meine ich damit? Wie viel bin ich wert? In Geld oder früher in Gold aufgewogen, 1 Kilo oder 1 000.- Franken im Monat oder ein guter Job, oder für mein Umfeld, oder für meine Eltern? Nein, wie viel Wert habe ich, das heißt, die Zeit, die ich in meine Ehe gesteckt habe, meine Liebe, die ich unendlich geliebt habe, wie viel Wert ist das in einem Geldbetrag?

Sie denken jetzt sicher, das kann man mit Geld gar nie aufwiegen, aber man kann es versuchen. Man sollte natürlich realistisch bleiben, das heißt, wenn Sie einen Maurer geheiratet haben, können Sie sich natürlich nicht wie eine Prinzessin bewerten, sondern der Wert einer Maurers-Frau.

Doch ist es wichtig, sich mit einer Zahl auseinanderzusetzen, denn dann wissen Sie für was Sie kämpfen müssen, dass Sie ein Ziel haben, wo Sie hinwollen. Das wird Ihnen sehr helfen, dass Sie auf nichts verzichten, was Ihnen zusteht. Vielleicht sind Sie der Ansicht, dass Geld nicht glücklich macht, das mag stimmen, aber es beruhigt ungemein.

Auch wenn Sie Kinder haben, ist es noch umso wichtiger, auf nichts zu verzichten, nur um des Friedens Willen, denn wenn Sie finden, dass es Ihnen nicht zusteht, steht es ganz sicher den Kindern zu.

DAS UMFELD ÄNDERT SICH UND DAS IST AUCH GUT SO

Nach dem Auszug, nein, eigentlich nach der Trennung ist mir sehr schnell aufgefallen, dass sich einige Leute von mir abgewendet haben. Zuerst war ich etwas unsicher, aber sogar von mir aus gesehen sehr enge Freunde und Freundinnen wanden sich von mir ab. Freunde, mit denen wir, mein Exmann und ich, immer den Urlaub zusammen verbracht haben und denen ich mich auch anvertraut habe. Die waren nun einfach weg, haben sich nicht nach unserem Wohlbefinden erkundigt, obwohl sie von der Trennung wussten und auch nicht außer Landes waren, es kam einfach nichts.

Eine davon habe ich dann einen Monat nach der Trennung in einem Shoppingcenter getroffen und ihr ganz normal Hallo gesagt, sie war total unsicher und wusste nicht, wie sie sich mir gegenüber verhalten sollte. Also habe ich dann den sowieso sinnlosen Smalltalk ganz schnell beendet und habe mich verabschiedet, bis heute grüßen wir uns nur noch und das war es auch schon. Wenn man bedenkt, dass wir früher zusammen mit unseren Kindern und den Männern fast jedes Wochenende gemeinsam verbracht haben, eine bittere Bilanz für diese „Freundschaft".

Anfangs hat mich das sehr traurig gemacht und ich habe mich noch einsamer gefühlt, als ich es ohnehin schon war. Es war so eine riesige Enttäuschung. Aber wie so vieles im Leben machen uns solche Erlebnisse nur härter und weiser. Heute muss ich sagen, dass ich darüber sehr dankbar bin, denn meine neuen Freunde sind richtige Freunde und da lohnt es sich auch, Energie und Zeit in diese Freundschaft zu investieren. Es ist toll, dass alle diese falschen Leute nun immer noch Zeit mit meinem Exmann und seiner neuen Frau verbringen, ich würde sagen Karma. Vielleicht kommt das jetzt etwas böse und gehässig rüber, aber was soll's.

Daher nicht verzweifeln, wenn sich Menschen von Ihnen abwenden, denn es kommen neue Menschen in Ihr Leben, die sich für Sie und Ihr Leben interessieren und ein Teil davon werden. Einfach nicht das Herz verschließen. Immer versuchen, Gutes zu tun, und dann kommt auch Gutes zurück in jeglicher Form von Glück.

Man ist nie ganz alleine, auch wenn es sich manchmal so anfühlt, und wenn dieses Gefühl andauert, nehmen Sie Kontakt mit mir auf.

Ich weiß, wie es ist, wenn man dieses Gefühl hat, und helfe Ihnen, es loszuwerden und Ihnen aufzuzeigen, dass Sie nicht alleine sind.

Wenn Ihnen nach Weinen ist, dann weinen Sie. Weinen reinigt die Seele, pflegte meine Oma immer zu sagen. Gehen Sie schlafen und am nächsten Tag sieht die Welt meistens wieder anders aus.

TRAUERBEWÄLTIGUNG

Wenn man traurig ist oder Liebeskummer hat, gibt es ja die drei Phasen der Trauer:

Zuerst kommt der Schockzustand, da geht gar nichts mehr. Sie können nicht weinen, Sie empfinden keinen Schmerz, in Ihrem Innern herrscht Leere. Diese erste Phase kann unterschiedlich lange dauern, von Sekunden bis zu einem Tag.

Aber irgendwann setzt dann der unerträgliche Schmerz ein. Man kann nicht mehr schlafen, nicht mehr essen, nicht mehr denken. Wie soll Ihr Leben ohne diesen geliebten Menschen weitergehen, unvorstellbar.

Danach kommt die Wut, über die Situation, den Menschen. Warum ich, wieso muss das mir passieren, sind dann die Fragen, welche man sich stellt.

Und nach alldem kommen dann wieder Momente der Freude, des Lachens und der Befreiung, das Leben hat immer noch einen Sinn.

Leider gibt es keine Medikamente gegen Liebeskummer. Wenn sie einen Husten haben, können sie in eine Apotheke gehen und sie bekommen einen Hustensaft, der ihren Husten lindert. Wenn sie Kopfschmerzen haben, nehmen sie einfach eine Tablette und ihre Schmerzen gehen weg, sind weniger stark. Leider kann man dies bei Liebeskummer nicht machen, es gibt keine Medizin, damit hat sich auch schon Erich Kästner befasst und dazu dieses Gedicht verfasst, welches helfen soll, die Schmerzen bei Liebeskummer zu lindern:

Traurigkeit, die jeder kennt

Man weiß von vorherein, wie's verläuft.
Vor morgen Früh wird man bestimmt nicht munter.
Und wenn man sich auch noch so sehr besäuft,

die Bitterkeit, die spült man nicht hinunter.

Die Trauer kommt und geht ganz ohne Grund.
Und man ist angefüllt mit nichts als Leere.
Man ist nicht krank. Und ist auch nicht gesund.
Es ist, als die Seele unwohl wäre.

Man will allein sein. Und auch wieder nicht.
Man hebt die Hand und möchte sich verprügeln.
Vorm Spiegel denkt man: „Das ist dein Gesicht?"
Ach, solche Falten kann kein Schneider bügeln!
Vielleicht hat man sich das Gemüt verrenkt?
Die Sterne ähneln plötzlich Sommersprossen.
Man ist nicht krank. Man fühlt sich nur gekränkt.
Und hält, was es auch sei, für ausgeschlossen.

Man möchte fort und findet kein Versteck.
Es wäre denn, man ließe sich begraben.
Wohin man blickt, entsteht ein dunkler Fleck.
Man möchte tot sein. Oder Urlaub haben.

Man weiß, die Trauer ist sehr bald behoben.
Sie schwand noch jedes Mal, so oft sie kam.
Mal ist man unten, und mal ist man oben.
Die Seelen werden immer wieder zahm.

Der eine nickt und sagt: „So ist das Leben."
Der andere schüttelt den Kopf und weint.
Die Welt ist rund, und wir sind schlank daneben.
Ist das ein Trost? So war es nicht gemeint.

Doktor Erich Kästner

Erich Kästner hat in seinem Buch „Doktor Erich Kästners Lyrische Hausapotheke" genaue Rezepte in Gedichtform, wie man seinen Liebeskummer behandeln kann.

Mut zur Trauer

„Sei traurig, wenn du traurig bist,
und steh nicht stets vor deiner Seele Posten!
Den Kopf, der dir ans Herz gewachsen ist,
wird's schon nicht kosten."

Erich Kästner

Ich habe ein paar einfache Tricks, die Ihnen sicher helfen können, sich besser zu fühlen, auch wenn einige sich unsinnig anhören, versuchen Sie es, Sie haben nichts zu verlieren. Diese Tricks haben auch keine negativen Nebenwirkungen zur Folge.

Natürlich ist der altbewährte Rat, schlafen Sie eine Nacht darüber und es wird Ihnen besser gehen.

Wenn Sie kurz vor dem Ausflippen sind, sagen Sie sich den Satz entweder laut oder leise im Innern vor: „Das Gras ist grün und der Himmel ist blau". Atmen Sie dabei ganz bewusst langsam ein und aus. Sie werden merken, dass es Sie etwas beruhigen wird, weil es Sie von dem Fokus ablenkt.

Dann gibt es einen Trick, wie man den Körper dazu bringt, Glückshormone auszuschütten, sodass man sich in Sekunden wieder etwas besser und glücklicher fühlt. Also machen Sie einfach ein Gesicht, als würden Sie übertrieben lachen, ziehen Sie die Mundwinkel nach oben und zeigen Sie ihre Zähne, bleiben Sie in dieser Gesichtsstellung ohne Unterbrechung mindestens 30 Sekunden und es wird Ihnen danach besser geben, weil unser Gehirn den Unterschied nicht erkennen kann, ob diese besagten Muskeln sich wegen eines echten Lachens verziehen oder ob die Muskeln von uns extra angezogen werden, und so schüttet das Gehirn im Körper Glückshormone aus. Ergo, wir fühlen uns besser. Natürlich können Sie das eher schwer in der Öffentlichkeit machen, ziehen Sie sich auf eine Toilette zurück, oder wenn Sie alleine im Auto sitzen und machen Sie diese Grimasse und es wird Ihnen ganz sicher besser gehen.

Wenn Sie in der Phase der Wut sind, gehen Sie in den Wald und schreien Sie einfach ganz beherzt los, aus tiefstem Herzen laut heraus. Wiederholen Sie das 3 Mal und umarmen dann einen Baum für etwa 1 Minute oder länger. Sie werden merken, wie Ihnen der Baum positive Energie geben wird. So können Sie wieder klar denken und Sie werden etwas ruhiger.

Auch wenn Sie jemand sind, der von solchen Methoden nichts hält, versuchen Sie eine davon. Vielleicht hilft es Ihnen, wenn nicht, tragen Sie davon auch keinen Schaden.

Sie haben ja nichts zu verlieren, oder?

Man sollte immer offen für neue Erfahrungen sein, auch wenn man im ersten Moment nichts damit anfangen kann, ist es möglich, dass es Ihnen ganz neue Perspektiven öffnet.

Vielleicht kann Ihnen ein Psychologe helfen, aus dem Tief herauszukommen. Ja, die meisten haben jetzt gleich Vorurteile, ein Seelenklempner, was kann der schon helfen. Was soll es bringen, einem Wildfremden ihre Sorgen und Ängste zu erzählen, während Sie auf einer Couch liegen.

Was weiß dieser Quacksalber über Sie und Ihr Leben.

Ich kann nur sagen, wenn Sie die Grippe haben, was machen Sie dann? Gehen Sie nicht zu einem Arzt und lassen sich behandeln?

Wenn Sie sich ein Bein brechen, gehen Sie dann nicht zu einem Orthopäden und lassen sich behandeln?

Liebeskummer ist auch eine Krankheit, denn er beeinflusst auch Ihren Alltag, Sie sind wie gelähmt, können sich auf nichts mehr konzentrieren, ergo Sie sind krank. Also was ist falsch daran, sich bei der dafür vorgesehenen Person Hilfe zu holen?

„Nichts!“

IMMER MACHEN, WAS GERADE FINANZIELL GEHT

So bin ich gerade nach der Trennung das erste Mal in meinem Leben auf die Malediven in die Ferien mit meiner Tochter, weil es immer schon ein großer Traum von mir war. Ich hatte gerade die finanziellen Mittel dafür und bin los. Logisch denken Sie, hätte Sie das Geld nicht besser gespart, aber wer sagt mir, dass ich es trotz Sparen und vernünftig sein, später noch hätte machen können?

Ja genau, niemand!

Deshalb empfehle ich, immer zu machen, was geht.

Immer wenn ich etwas mit Vernunft versuche anzufangen, geht der Schuss nach hinten los. Ein kleines Beispiel: Ich wollte mir einen neuen Laptop kaufen, dann gab es da diesen wirklich schönen und teuren, welchen ich mir schon seit Langem gewünscht hab und den auch ganz guten, aber halt nicht so coolen der preiswerter war. Ich stand im Laden und habe hin und her überlegt, welchen ich nehmen soll. Wie es so spielt, hat der Kopf gewonnen und ich habe mich für den Preiswerteren entschieden. Bin mit einem guten Gewissen nach Hause und habe mir bei jeder Benutzung eingeredet, der kann ja viel mehr als der Teure und ist ja auch sehr schön. Nach zwei Monaten hatte ich dann einen fiesen Virus drauf und konnte ihn wegwerfen. Der Typ im Geschäft meinte dann zu mir, ich hätte lieber den Teuren genommen, denn die sind weniger anfällig für Viren. Super, und habe mich dann natürlich über mich selbst geärgert.

Immer wenn ich vernünftig sein will, ziehe ich den Kürzeren. Logisch heißt das jetzt nicht, dass man immer ans Limit gehen soll, aber wenn es geht und vertretbar ist, sollten Sie sich immer das gönnen, was finanziell geht.

Wenn Sie immer schon eine bestimmte Reise machen wollten, ist nun der beste Zeitpunkt, es zu tun. Erfüllen Sie sich einen lang gehegten Traum.

Denn wenn es irgendwann nicht mehr gehen sollte, bereuen Sie es zutiefst, es nicht getan zu haben.

Es kann sein, dass Sie zu einem späteren Zeitpunkt in Ihrem Leben nicht mehr die finanziellen Mittel haben werden, und sind wir ehrlich, wenn Sie dann auf Ihren Traum verzichtet hätten, ständen Sie dann auch nicht viel besser da mit dem gesparten Geld.

Sie wären einfach noch unzufriedener mit sich und der Situation als sonst schon.

ALLEINE IM BETT

Zuerst vermissen Sie sicher Ihren Partner, beim Schlafen oder das Bett mit ihm zu teilen, aber ich sage Ihnen, Sie befinden sich in einer Luxus-Position.

Glauben Sie mir nicht?

Doch es ist so, Sie befinden sich in einer guten Ausgangslage.

Auf welcher Seite des Bettes schlafen Sie?

Links oder rechts, ganz egal, aber es ist falsch. Sie sollten ganz bewusst in der Mitte des Bettes schlafen, denn wer sagt Ihnen, wie lange Sie das noch können. Vielleicht haben Sie bald wider einen neuen Partner und Sie können wieder nur in einer Hälfte Ihres Bettes schlafen. Ist es nicht eine tolle Situation, dass das Bett Ihnen ganz alleine gehört. Legen Sie sich heute Abend ganz bewusst in die Mitte Ihres Bettes, liegen Sie ganz breit und genießen Sie diese neue Art von Lebensqualität.

Sie haben jetzt vielleicht die einmalige Chance, Ihren gewonnenen Platz voll und ganz für Ihre Bedürfnisse und für sich ganz alleine zu nutzen.

Natürlich ist das Bett nur eine Möglichkeit von gewonnenem Platz. Es gibt da sicher auch andere Beispiele. Was sicher ist, Sie haben jetzt auch neu gewonnene Zeit, welche ich Ihnen anraten würde, ganz bewusst für Ihr Wohl zu nutzen. Tun Sie sich etwas Gutes, am Wochenende, immer dann, wenn Sie an die gemeinsame Zeit erinnert werden von Ihrer Ex-Partnerschaft. Das ist sehr wichtig, trinken Sie ein Glas Wein, gehen Sie shoppen, gehen Sie zur Massage oder nehmen Sie ein Bad oder lesen Sie ein gutes Buch, es gibt unzählige Möglichkeiten. Es ist wichtig, dass Sie sich nicht einschließen und sich abkapseln. Es müssen auch nicht immer rauschende Partys mit Freunden sein, es kann auch ein Abend zu Hause sein, aber Sie müssen ganz bewusst etwas machen, das Ihnen guttut und das Sie entspannt.

Man kann diese gewonnene Lebensqualität auch in größeren Maßen sehen, zum Beispiel gibt es vielleicht eine Reise oder einen Kochkurs, den Sie immer machen wollten, aber das konnten sie nicht, weil Ihr Partner kein Interesse daran hatte, oder Sie hatten schlichtweg keine Zeit dafür.

Jetzt ist die Zeit, genau diese Projekte in Angriff zu nehmen.

Es ist doch auch ein Luxus, einfach seine Ferien zu planen, wie man will, wohin Sie gehen wollen und wann. Auf niemanden Rücksicht nehmen und einfach drauflos planen.

Jetzt ist Ihre Zeit.

Es ist Ihr Leben, es lebt keiner für Sie.

Erfinden Sie sich neu. Setzen Sie neue Prioritäten. Logisch stand Ihr Partner an erster Stelle, aber jetzt sind die Karten neu gemischt und Sie sind nun an erster Stelle. Welches Glück Sie haben, denn wer weiß, vielleicht treffen Sie bald den Partner, mit dem Sie den Rest Ihres Lebens zusammen sein werden, und dann ist es wieder vorbei, in der Mitte des Bettes zu schlafen. Vielleicht sind Sie das letzte Mal in Ihrem Leben in dieser glücklichen Position, für sich alleine zu entscheiden. Nutzen Sie diese Chance.

DIE TISCHDECKE IMMER GANZ DURCHSCHNEIDEN

Wenn man im Begriff ist, sich zu trennen, sollte das immer ein sauberer Schnitt sein. Ja, es ist nicht so einfach, wenn gemeinsame Kinder oder Eigentum da sind.

Es ist sehr wichtig, dass alles säuberlich getrennt wird, denn sonst gibt es in der Zukunft meistens Streit. Das können Sie vermeiden, wenn Sie die Tischdecke in der Mitte ganz durchschneiden.

Als ich bei meinem Anwalt war und ich für meine Scheidung die Eingabe machen wollte, hat mir der Anwalt genau diesen Satz gesagt: „Sie können die Tischdecke nicht nur halb mit der Schere durchschneiden!"

Ich fand das in der damaligen Zeit viel zu übertrieben, denn nach der Trennung haben mein Ex und ich eine gute und friedliche Basis gefunden, miteinander umzugehen. Ich hätte damals nie gedacht, dass wir uns einmal wegen Kleinigkeiten wie zum Beispiel um Messer streiten, geschweige denn um Geld. Aber leider hat der Anwalt recht behalten.

In meinem Fall war es nicht einmal möglich, die gleiche Krankenkassen-Gesellschaft zu haben. Zuerst war die Krankenkasse nicht in der Lage, mich und mein Kind aus der Familienversicherung zu nehmen. Immer habe ich an meiner neuen Adresse Briefe an meinen Ex bekommen und er welche, die an mich adressiert waren. Ich habe immer meine Beiträge schön brav und pünktlich bezahlt und trotzdem Mahnungen erhalten. Als ich dann meinen Betreuer erreicht habe, erklärte er mir, dass alle meine bezahlten Beiträge dem Konto von meinem lieben Exmann gutgeschrieben wurden, das sei ein Fehler von der Krankenkasse und sie entschuldigen sich dafür. Leider haben alle Gespräch mit der Krankenkasse nichts gebracht, bis ich dann gezwungen war meine Krankasse zu wechseln. Auch diese Erfahrung hat mir gezeigt, dass ich sogar nicht einmal die gleiche Krankenkasse haben kann wie er, ohne mich zu zermürben und mich aufzuregen.

Jetzt stellen Sie sich vor, dass es dann um Unterhaltszahlungen geht oder um Eigentum, welches aufgeteilt werden muss, wie es dann noch mehr zu Aufregungen und Streit kommen kann.

Denn wenn es um Geld oder Wertgegenstände geht, dann ist sich jeder immer selbst der Nächste, Liebe hin oder her.

Vielleicht wäre es gar nicht das Schlechteste, wenn man die Trennung schon am Anfang jeder Beziehung bespricht und schriftlich festhalten würde, denn wenn man noch verliebt ist und auf einer Wolke des Glücks schwebt, wäre man viel gerechter mit der Verteilung. Man ist sich wohlgesonnener und die Werte sind einem in diesem Moment nicht so wichtig wie das Wohl des Liebsten. Auch wäre es wichtig, dass in diesem Vertrag festgehalten wird, wie man sich nach einer Trennung oder Scheidung um die gemeinsamen Kinder oder auch Tiere kümmert. Wie oft jeder sie sehen kann, bei wem sie im Falle einer Trennung wohnen und wie die Unterstützung des anderen Partners aussieht, sei es finanziell oder auch mit der Betreuung.

So ein Leitfaden würde einem danach viel Ärger und Energie sparen.

Sie fragen sich jetzt sicher, wie man am Anfang schon vom Ende sprechen kann, aber einen Plan B zu haben ist doch keine schlimme Sache.

Wenn Sie an einem bewölkten Tag rausgehen und einen Regenschirm mitnehmen, sind Sie doch auch nicht negativ eingestellt, aber gut vorbereitet, wenn es regnen sollte. In dieser Angelegenheit ist jeder Ihrer Meinung und findet, Sie sind aber gut organisiert und denken an alles, aber immer, wenn ich diese Idee mit dieser Trennungsvereinbarung anbringe, verstehen mich die wenigsten, weil man über den Tod ja auch nicht redet, obwohl es jeden von uns treffen wird, es gehört sich nicht, darüber zu sprechen.

Vielleicht denkt man, wenn man nicht darüber redet oder darüber nachdenkt, trifft es auch nicht ein. Leider läuft es nicht immer so. Obwohl, meistens, wenn ich in die Ferien einen Regenschirm mitnehme, brauche ich ihn zu 90 % nicht, aber wehe, ich vergesse ihn zu Hause, dann regnet es meistens. Es ist doch so, wenn man einen Plan B im Gepäck hat, greift der Plan A in den meisten Fällen. Daher ist es also doch zu empfehlen ein Testament zu machen, oder eine Trennungsvereinbarung.

Das ist doch nur dafür da, dass die Hinterbliebenen wissen, was sie mit Ihren Sachen machen sollen und so weiter, wenn Sie nicht mehr da sind. Dafür gibt es ja ein Testament, aber wer von uns hat ein Testament. Und dieser Trennungsvertrag ist doch nichts anderes als das Testament einer Liebe, die vielleicht sehr groß war und ganz toll angefangen hat, aber nun, wo diese Liebe vorbei ist, wissen die Hinterbliebenen genau, was Sie zu tun haben. Das wäre doch eine gute Sache und würde Ihnen in Ihrer jetzigen Situation viel Kopfschmerzen und Energie sparen, wenn Sie jetzt auf einen Trennungsvertrag zurückgreifen könnten, wo alles drinsteht und Sie sich genau danach richten könnten.

Wer behält die gemeinsame Wohnung, wer bekommt wie viel Unterhalt, wer darf wie oft die Kinder sehen, wie ist sich zu verhalten, usw.

Das würde vieles so viel einfacher machen.

Vielleicht wären viele getrennte Paare heute noch gute Freunde, wenn sie so etwas gehabt hätten. Denn am Schluss wird sich immer nur um Geld gestritten, weil man vielleicht denkt, man kann so seine Wunden schneller zum Heilen bringen. Oder um Umgangsrechte mit den Kindern oder den Tieren, wer wen wie oft sehen kann.

Denn es war ja einmal der Mann oder die Frau, in die Sie sich verliebt haben, der gleiche Mensch, mit dem Sie heute um solche Dinge streiten, und wieso macht man das; weil es keine Vorkehrungen gibt.

Wie oft streiten Familien um eine Erbschaft, weil es kein Testament gibt, wo der letzte Wille drinsteht.

Daher ist doch meine Idee gar nicht so abwegig, vielleicht nicht so romantisch, wie ein graviertes Schloss an einer Brücke anzubringen und den Schlüssel gemeinsam in den Fluss zu werfen, aber sehr zweckmäßig.

Ja, etwas Praktisches oder Zweckmäßiges ist nie etwas Schönes, aber man ist dann froh, es zu haben, wenn man es braucht.

DER SONNTAGS-BLUES

Für mich war immer der Sonntagmorgen der schlimmste Zeitpunkt nach der Trennung. Dieses am Sonntag alleine Aufwachen war immer die Hölle für mich. Das ist doch immer der Morgen, wo man als Paar Zeit zusammen verbringt und auch genießt. Bei mir und meinem Mann war das der Morgen, wo wir lustvoll übereinander hergefallen sind und Sex hatten, danach lecker mit den Kindern zusammen gefrühstückt haben und dann meist etwas unternommen haben. Es war der Familientag oder auch unser Pärchen-Tag, wenn die Kinder bei meinen Eltern waren, weil wir am Samstagabend aus waren.

Es ist doch so, dass man am Sonntag nichts unternehmen kann als Single, vielleicht ins Kino oder ins Fitnesscenter. Ansonsten geht man spazieren oder laufen, überall Familien oder Pärchen unterwegs.

Oder gehen Sie als Single alleine Brunchen?

Das geht nicht, ein Tisch für einen? Eher komisch, und man wird sicher an den letzten Tisch im Lokal verbannt, vor der Toilette oder so.

Natürlich gibt es auch andere Momente, wo man sich total alleine vorkommt, zum Beispiel an Sylvester, wen soll man um 00:00 Uhr küssen und ihm ein gutes neues Jahr wünschen? Ich war meist mit Freunden auf einer riesigen Party, aber wenn dann der berühmte Countdown lief, war es für mich immer der blanke Horror. Logisch sind nicht alle Paare, welche sich dann innig Küssen, automatisch glücklicher als ich, aber in diesen Momenten empfindet man es unweigerlich so.

Ich habe ein paar Singles zu diesem Thema befragt:

Chris, 45 Jahre alt, er ist seit 2 Jahren alleinerziehend:

Ich fühle mich einsam in verschiedenen Situationen. Abends, wenn meine Tochter schläft, morgens beim Aufwachen, eigentlich immer, wenn es gemütlich wird.

Renate, 31 Jahre alt, seit 4 Jahren alleine:

Am meisten fühle ich mich abends einsam, wenn ich alleine esse und gerne jemandem erzählen würde, wie mein Tag war.

Martin, 47 Jahre alt, seit 15 Jahren alleine:

Ich habe mir meine freie Zeit so vollgepackt mit Hobbys und Vereinsleben, dass ich es gar nicht merke, wie alleine ich eigentlich bin. Ich habe schlichtweg keine Zeit dafür, mich einsam zu fühlen.

Diese Einsamkeit ist ganz normal, aber es kann auch von einem anderen Winkel aus gesehen werden, denn fragen Sie sich selbst einmal, in welchen Situationen sind Sie froh, dass sie alleine sind?

Auch dazu habe ich ein paar Singles befragt:

Andrea, 28 Jahre alt, seit 3 Monaten alleine:

Ich genieße es besonders, dass ich flirten kann, wie ich will, ohne ein schlechtes Gewissen haben zu müssen.

Julian, 56 Jahre alt, seit 1 Jahr alleine:

Für mich ist es immer eine Wohltat alleine zu sein, wenn ich irgendwo bin und ein Pärchen neben mir anfängt zu diskutieren, und es dann im Streit endet.

Ben, 36 Jahre alt, seit 2 Jahren alleine:

Ich bin froh, dass ich dort hin in die Ferien kann, wo ich hinwill, und auf niemanden Rücksicht nehmen muss.

Michaela, 42 Jahre alt, alleinerziehend, seit 4 Jahren alleine:

Ich bin immer froh, dass ich, solange ich will, mit meiner Tochter auf dem Spielplatz bleiben kann, ohne dass wir nach Hause gehen müssen, um für den Partner zu kochen.

Wie die Antworten aufzeigen, hat das Alleinsein auch seine Vorteile und diese sollte man genießen und bewusst auskosten.

Wie schon erwähnt, Sie befinden sich in einer Luxusposition in Ihrem Leben, denn wer sagt Ihnen, wie lange Sie diese Vorteile noch ausleben können. Es ist doch ein super Gefühl, wenn man auf niemanden und keine anderen Bedürfnisse Rücksicht nehmen muss.

NEUANFANG

„Bedenke, ein Ende bietet uns oft die Chance, auf einen wunderbaren Neuanfang."

(Autor unbekannt)

Dieser schöne Satz sagt eigentlich schon alles, was es dazu zu sagen gibt.

Ja, manchmal ist es hart, einen Neuanfang zu starten, aber nach der Phase der Trauer, sollten Sie genug Tatendrang verspüren für einen Neubeginn, denn der Beziehung haben Sie nun lange genug nachgetrauert. Oder finden Sie nicht?

Ein Neuanfang kann so befreiend sein, es gibt einem einen riesigen Kick von positiver Energie. Ich kam mir vor, als könnte ich Bäume rausreißen.

Als ich den Entschluss gefasst habe, neu durchzustarten, fühlte ich mich auf einen Schlag so frei.

Vielleicht bedarf es eines kleinen Rituals, eines Abschlusses von dem Alten, dass Sie sich voll und ganz auf das Neue einlassen können.

Nehmen Sie einen Gegenstand oder ein Foto von ihrem Ex und verbrennen Sie es, sprechen Sie dabei die Worte: Ich lasse dich frei!!

Ja, es ist etwas esoterisch, aber es löst etwas in einem aus. Man fühlt sich danach viel befreiter. Jeder muss seinen eigenen Weg finden, um mit dem Alten einen richtigen Abschluss zu machen, vielleicht ist es bei Ihnen ein bestimmtes Erlebnis, das bei Ihnen genau diesen Kick auslöst.

Es ist einfach sehr wichtig, dass Sie in der Lage sind, einen klaren Schnitt zu machen, bevor Sie den Neuanfang wagen, sonst gelingt es nicht.

Ich habe mein Brautkleid verbrannt und dabei eine Flasche Champagner getrunken, um all die alten Geister in meinem Kopf loszuwerden.

Ja, ich bin eine kleine Dramaqueen und brauche eine große Geste, um mir im Klaren zu sein, dass ich weiß, was ich will, oder eben nicht mehr will. Für mich passte es so. Nach diesem Ritual bin ich dann von dem Ort weggezogen, in dem ich und mein Exmann gewohnt haben, und habe eine neue Firma gegründet, um mich unabhängig von ihm zu machen.

Es war für mich wie ein Befreiungsschlag.

Davor kam ich nicht von ihm los, habe ihn fast täglich gesehen, obwohl er schon da eine neue Partnerin hatte, was nicht gut für mich war.

Jeden Tag sind meine Wunden wieder aufgerissen worden, daher war mir klar: Ich muss von dort weg und ganz neu beginnen.

Was ich dann nach meinem Verbrennungsritual gemacht habe. Es war nicht immer einfach, aber es war für mich der richtige Weg.

Wenn ich zurückschaue und mir die Frage stelle, hätte ich alles so gemacht, wenn ich gewusst hätte, wie es endet? Meine Antwort war: Ja, nur hätte ich mich zu einem früheren Zeitpunkt getrennt.

Denn ich habe mich zu lange leiden lassen, ich hätte alles 1-2 Jahre früher machen sollen. Der Weg, den ich gegangen bin, ist sicher der, den ich gehen musste, aber auch mich hat damals oft der Mut verlassen. Auch ich hatte Angst und war mir zuerst nicht sicher, nun bin ich mir sicher, dass ich mich zu 100 % richtig entschieden habe.

Ich würde auch sagen, dass ich stolz auf mich bin, welche Kräfte ich auf einmal entwickeln konnte, das hätte ich nie zuvor über mich gedacht.

Darum haben Sie Mut und fangen Sie neu an. Man kann, egal wie alt oder jung man ist, sich und sein Leben jederzeit neu erfinden und neu angehen.

Wie auch der letzte amerikanische Präsident gesagt hat: *„Yes, we can!“*

Verbannen Sie die Worte „nicht“ und „eigentlich“ aus Ihrem Wortschatz. Glauben Sie an sich, denn wenn Sie es nicht tun, wieso soll jemand anders es machen.

Gehen Sie raus und geben Sie Gas, lassen Sie sich nicht bremsen.

Es schlummert so viel Potenzial in Ihnen.

Vielleicht wissen Sie noch nicht, wie Sie alles angehen sollen, wie Sie sich neu erfinden sollen oder in welche Richtung es gehen soll, dann beantworten Sie sich folgende Fragen. Auch hier nehmen Sie sich etwas Zeit, um sich diese Fragen zu stellen.

Wo will ich leben?

....

....

....

....

....

Wie will ich leben?

....

....

....

....

....

Wovon träume ich?

....

....

....

....

....

Wo und wie sehe ich mich in 5 Jahren?

....

....

....

....

....

Womit will ich mir meinen Lebensunterhalt verdienen?

....

....

....

....

....

Nennen Sie drei Ziele für ihre Zukunft:

....

....

....

....

....

Diese Fragen stelle ich mir fast ein Mal im Jahr, um zu sehen, ob ich noch in die richtige Richtung gehe und welche Ziele ich schon erreicht habe und welche ich noch erreichen möchte.

Nun gehen Sie Ihrer neuen Zukunft mit einem Lächeln entgegen und lassen die Vergangenheit hinter sich.

Sie werden stolz auf sich sein, und das ist ein so tolles Gefühl, das süchtig machen kann.

POSITIV BLEIBEN

Ja, einfacher gesagt als getan, aber wirklich für Ihr Wohlbefinden sehr wichtig. Positives Denken kann eine sehr heilende Kraft besitzen und kann helfen, aufgerissene Wunden zu heilen.

Egal wie schlimm Ihre momentane Situation auch sein mag, schließen Sie Frieden mit sich und der Vergangenheit.

Denn man kann nicht negativ denken und etwas Positives erwarten.

Wer positiv im Leben ist, hat es viel einfacher.

Ein kleines Beispiel aus dem Leben meiner Tochter:

Immer, wenn sie auf dem Bett rumgehüpft ist, habe ich ihr gesagt: „Hör damit auf, sonst fliegst du noch runter und tust dir weh!“

Dann hat sie mir eines Tages darauf geantwortet, als ich diesen Satz wieder zu ihr sagte:

„Mami, immer wenn du das zu mir sagst, passiert es dann auch, also sag das bitte nicht mehr zu mir!“

Es ist ja schön, recht zu haben, aber in diesem Fall war es mir nicht recht, dass ich mit meinen negativen Gedanken meinem Kind Schaden zufügte.

Dies ist ein gutes Beispiel, wie man mit negativen Gedanken und Handlungen auch Negativität erntet.

ZEIT FÜR EINE NEUE LIEBE

Als Sie den Titel dieses Kapitels gelesen haben, welche Gefühle und welche Gedanken sind Ihnen durch den Kopf gezischt?

Vielleicht: „Oh je, was soll ich mit einem neuen Partner an meiner Seite“? Oder: „Das bringt sowieso nichts“?

Dann ist es für Sie noch etwas zu früh und Sie haben mit der alten Geschichte von Ihrem Leben noch nicht richtig abgeschlossen.

Es bringt nichts, wenn Sie noch nicht richtig losgelassen haben, jemand Neuen in Ihr Herz zu lassen, denn dann hat die neue Liebe keine Chance zu bestehen. Ihr Herz muss offen sein.

Vielleicht haben Sie gedacht, als Sie den Titel gelesen haben: „Ja, wieso nicht.“

Dann ist es wichtig, dass Sie der neuen Liebe eine richtige Chance geben und nicht einen Vergleich mit der alten Geschichte machen.

Wenn Sie zum Beispiel betrogen wurden, dann sollten Sie versuchen, dem neuen Partner voll und ganz zu vertrauen. Denn was hat Ihr neuer Herzensmensch mit der Vergangenheit zu tun, und wieso muss er die Fehler anderer Leute ausbaden? Das ist nicht fair.

Daher passen Sie auf, dass Sie die neue Liebe nicht mit Ihrer alten vergleichen, denn das eine hat mit dem anderen nichts zu tun. Sie haben einen Neuanfang gewagt und nun müssen Sie das auch mit ihrem Liebesleben. Es ist ein völlig anderer Mensch und wenn Sie sich an alte Muster gewöhnt haben, dann lassen Sie das. Jeder Mensch ist anders und hat die gleiche unvoreingenommene Behandlung verdient.

Ich weiß, es ist nicht einfach, aus alten Rastern auszubrechen und umzudenken, aber es ist wichtig für eine neue Liebe.

Sie können nicht alle über den gleichen Kamm scheren. Lassen Sie die alten Geschichten hinter sich und lassen die neu Liebe voll und ganz zu, egal was war.

Bei mir war es, wie schon gesagt, die Untreue, und daher war ich bei meinen neuen Beziehungen immer vorsichtig mit dem Vertrauen. Kurz gesagt, ich konnte meinem neuen Partner nicht vertrauen, ich habe ihn und seine Handlungen immer mit meinem Exmann verglichen. Habe angefangen, ihn zu kontrollieren, um wie bei meiner früheren Beziehung herauszufinden, dass er nur lügt und mich betrügt. Mit diesem alten Raster habe ich schlichtweg meine neue Beziehung zerstört. Er konnte meine Vorurteile nicht verstehen und ich konnte nicht verstehen, dass er, nachdem er von meinem Exmann und seinen Affären wusste, mich und mein Misstrauen nicht verstehen konnte.

Also kurz gesagt, es hielt ein halbes Jahr und dann ging ich erneut alleine durch mein Leben.

Was mich dann sehr traurig machte und mich an mir und meinem Handeln zweifeln ließ. Was auch zurecht so war, denn ich war sehr ungerecht. Und als ich mich einer Freundin anvertraute und sie mir sagte, dass ich immer noch zu sehr in der Vergangenheit lebe und es daher nicht funktionieren kann, dass ich mich wirklich in einer Beziehung fallen lassen kann, waren meine Alarmglocken im Kopf am Läuten, was das Zeug hält. Ja, sie hatte recht, ich war im Kopf und vielleicht auch noch mit meinem Herzen bei meinem Exmann und seinen Fehlern und projizierte sie auf meinen Freund. So konnte es nie und nimmer funktionieren. Es war mir klar, dass ich dies alles ablegen musste. Was sehr wichtig war, dass es funktionieren kann mit einer neuen Liebe.

Ja, jeder hat seinen Rucksack mit Lebenserfahrungen auf seinem Rücken zu tragen, aber diese Erfahrungen bestimmen zu oft unser Verhalten und Leben zu stark, und meist auch negativ. Wer verbrennt sich schon gerne zwei Mal im Leben die Finger an der gleichen Sache.

Niemand!

Nur nicht entmutigen lassen, jeder kann die große Liebe finden. Leider lässt es sich nicht planen, aber mit positiven Gedanken ans Universum steuern.

Bitte lassen Sie sich voll und ganz fallen, wenn Sie sich neu verliebt haben, denn es gibt nichts Schöneres als die Liebe.

Die Liebe hat so eine unglaubliche Macht über uns, genießen Sie es in vollen Zügen. Es gibt doch nicht Schöneres, als wenn man mit einem breiten Grinsen im Gesicht durch die rosarote Welt geht.

Ich wünsche Ihnen alles Glück dieser Welt, dass diese neue Liebe ein Happy End für sie bereithält.

... Sonst fangen Sie wieder von A an, man ist nie zu alt für einen Neuanfang.

Noch eine schöne Geschichte des Lebens: Eine meiner Bekannten hat mir erzählt, dass sich ihre Mutter mit 82 Jahren im Altersheim Hals über Kopf verliebt hat und 2 Jahre noch die Gelegenheit hatte, ihr neues Liebesglück zu leben und zu genießen. Das ist so eine schöne Geschichte, welche mich immer hoffen lässt, dass jeder seinen Deckel finden kann, egal wann und wo. Es ist nie zu spät und meistens trifft es einen sowieso, wenn man es nicht erwartet, sogar als unmöglich bezeichnet.

Wichtig ist es, immer mit offenem Herzen durchs Leben zu gehen. Verschließen Sie es nicht, sonst entgeht Ihnen vielleicht Ihre große Liebe des Lebens.

NACHWORT

Sie sind nie alleine, schauen Sie sich um und wenn Sie niemanden haben, der Ihnen helfen kann, oder Ihnen Ihre Fragen nicht beantworten kann, bin ich für Sie da, schreiben Sie mir eine Mail, ich werde versuchen, so gut ich kann, Ihnen mit Ihren Anliegen zu helfen und Ihnen beizustehen.

Es ist sehr wichtig für mich, dass niemand alleine ist, denn das ist so ein schlimmes Gefühl und unmenschlich. Eines der Grundbedürfnisse des Menschen ist es doch, geliebt zu werden.

Geben Sie nicht auf, es geht IMMER weiter, ganz sicher.

Ich widme dieses Buch meiner Tochter, welche dafür gesorgt hat, dass ich immer weitergemacht habe und die für mich mein bester Antrieb ist, alles zu erreichen, was ich mir vornehme.

Danke Anna!

Die Autorin

Die Autorin Marika Albrecht wurde 1979 in Baar in der Schweiz geboren und wuchs als Einzelkind auf. Die Erfahrungen, die sie bisher in ihrem bewegten Leben machte, reichen, um mehrere Leben damit auszufüllen. Seit ihre Tochter das Licht der Welt erblickte, liebt sie es, ihr Geschichten zu erzählen. Das brachte sie auch zum Schreiben.
Nach ihrer ersten Krebsdiagnose 2021 fand sie es an der Zeit, ihre eigenen Gedanken und Erfahrungen zu Papier zu bringen.